AF245807

DE LA NÉCESSITÉ

D'UNE

TRANSLATION EN PROVINCE

DE LA CHAMBRE DES DÉPUTÉS.

OUVRAGE DU MÊME AUTEUR

SOUS PRESSE

POUR PARAITRE SUCCESSIVEMENT

A la Librairie de J.-J. Blaise, rue Férou St-Sulp., n. 24.

———

Histoire des Assemblées délibérantes, où l'on démontre, par le raisonnement et par les faits, la marche naturelle des Colléges électoraux et des Chambres au schisme et à la souveraineté ;
Soumise à la bonne foi des 100,000 électeurs de France,
Avec cette épigraphe :

> *Là où plusieurs sont assemblés en mon nom,*
> *je serai au milieu d'eux.* (ST. MATTH. 18.)
> Sinon, non.

Cet ouvrage est divisé en six parties.
Première partie. — Théorie des assemblées délibérantes.
Deuxième partie. — Histoire des assemblées délibérantes proprement dites en Angleterre et en France.
Troisième partie. — Histoire des usurpations et du despotisme des assemblées délibérantes dans ces deux pays, et des crimes qu'elles ont commis ou tolérés.
Quatrième partie. — Histoire des états-généraux et provinciaux, des parlemens et des autres corps de France.
Cinquième partie. — Histoire des cortès d'Espagne et de Portugal ; des diètes de Suède, de Danemarck, de Pologne, d'Allemagne ; des États de Hollande et des Pays-Bas ; des États-Unis, etc.
Sixième partie. — Devoirs et conclusions.
La Théorie des assemblées délibérantes, un vol. in-8°, formant la première partie, paraîtra dans le courant du mois. Elle est précédée d'un *Essai sur la manière d'écrire l'histoire,* et d'un résumé de tout ce que les assemblées ont fait de bien en France, et des principales autorités royalistes qu'on peut citer en leur faveur.

———

IMPRIMERIE DE BÉTHUNE, RUE PALATINE, N° 5.

DE LA NÉCESSITÉ

D'UNE

TRANSLATION EN PROVINCE

DE LA CHAMBRE DES DÉPUTÉS,

AFIN DE LA SOUSTRAIRE

AUX INFLUENCES DE LA CAPITALE.

PAR M.-A. MADROLLE.

Abyssus abyssum invocat.

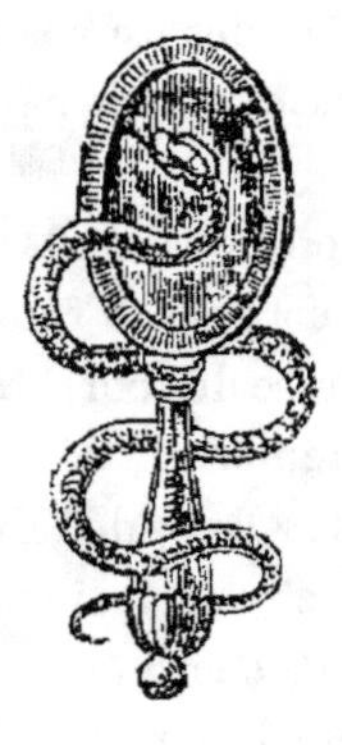

PARIS,

CHEZ J.-J. BLAISE, LIBRAIRE, RUE FÉROU, N° 24,

PRÈS SAINT-SULPICE;

ET CHEZ PONTHIEU, LIBRAIRE, AU PALAIS-ROYAL.

AVANT-PROPOS.

C'est une grande pensée que tous les anciens hommes d'Etat ont eue et que tous les grands rois ont réalisée, que les personnes les plus sages de nos jours ont déjà eue à leur tour, et qui leur est plus que jamais revenue, dont je ne suis que le faible organe, et que je soumets, avec bien plus de conviction que de courage, à tout ce qu'il y a de loyal et d'éclairé à Paris comme dans les provinces, dans la chambre des pairs comme dans la chambre des députés elle-même.

L'action de cette chambre, qui fut, dès sa naissance, si indépendante et si redoutable, n'est point arrêtée depuis quelque temps; elle n'est que suspendue.

Le libéralisme, faible dans sa toute-puissance, s'est étonné de quelque apparence de volonté dans un gouvernement fort, même dans sa faiblesse. Il ne s'est reployé un moment sur lui-même que pour s'apprendre à connaître mieux ses petits adversaires, et s'armer de toutes pièces contre eux. C'est à la session prochaine, si on la laisse venir, que se présenteraient, à coup sûr, avec toutes les prétentions, toutes les forces et toutes les victoires.

Je ne me suis occupé que de la question du fonds, et nullement de celle de la forme. Mais la question fondamentale ici, c'est le relevé des mœurs de la capitale. Les difficultés d'exécution sont nulles ; les moyens et la facilité de la mesure, si l'on voulait, seraient aussi grands que la mesure elle-même serait salutaire.

Dans notre système la chambre des pairs resterait à Paris.

Je dirai à ceux qui se croiraient en droit d'accuser de témérité mon système représentatif, ce que M. de Pradt disait aux juges de son système électoral : « Occupé de la seule pensée de rappeler le législateur à un retour salutaire sur lui-même et sur son ouvrage, au lieu de travailler à ébranler la société, j'ai cherché à l'épurer et à la raffermir. Le gouvernement constitutionnel nous en a donné le droit. En nous invitant à assister aux apprêts de la confection de la loi, il nous a rendus les juges de tout ce qui l'a précédée et qui l'entoure. » Et nous aussi, nous nous sommes faits juges au milieu de tant de juges téméraires et même criminels. Si notre écrit était utile, il ne faudrait point en remercier la liberté ; s'il était fâcheux, la faute en serait à elle. Je n'ai pas, comme M. de Pradt, l'honneur d'avoir assisté aux conseils des rois européens ; mais je n'ai pas aussi comme lui le malheur, après avoir consacré un vrai talent à flétrir la révolution, d'employer à la défendre une plume qui chancèle et une ardeur qui s'éteint.

Si l'on accusait nos secrets motifs, nous dirions qu'en composant cet écrit, comme en en composant quelques autres, nous nous sommes placés dans une hypothèse qui nous a toujours semblé admirable pour faire chérir l'indépendance de la pauvreté et même celle du malheur; dans cette hypothèse, que Leibnitz avait recueillie d'une humble femme (1), et où nous prions le lecteur de se placer à son tour avant de nous condamner. Cette hypothèse consiste, pour un homme quelconque, à ne voir dans l'univers tout entier que Dieu et lui-même.

(1) Sainte Thérèse.

❁

« La corruption s'est répandue de Jérusalem sur toute la terre. »
(*Jérém.* ch. 23.)

« Si vous trouvez *un seul* homme qui agisse selon la justice, et qui cherche la vérité, je pardonnerai à toute la ville. »   (*Id.* ch. 5.)

« Et moi, je ne pardonnerai pas à la grande ville où il y a plus de six-vingts mille personnes qui ne savent pas discerner.... » (*Jonas.*)

❁

DE LA NÉCESSITÉ

D'UNE

TRANSLATION EN PROVINCE

DE LA

CHAMBRE DES DÉPUTÉS.

Abyssus abyssum invocat.
Omnia Romæ cum pretio. Juvénal. 2.

Le lieu d'une assemblée politique n'est pas indifférent, il est fondamental et décisif. Supposez-la turbulente (et la supposition n'est pas difficile), supposez-la même *Nationale* ou *Constituante*, et réduite à une ville de province, vous l'aurez indifférente et sage peut-être. Les Etats-généraux de Blois, où se trouvaient tant d'élémens inflammables, furent tranquilles au milieu même des assassinats. Ceux de Paris devinrent tout d'un coup démocratiques et même féroces sous le prevôt Marcel.

S'il y a, aujourd'hui, un moyen de sauver la monarchie des périls de la chambre des députés, et de sauver la chambre des périls dont elle est elle-même menacée, c'est, selon nous, sa translation dans une ville de province. On ne dira pas que la Charte *donnée à Paris* (1) s'opposerait à cette translation; car le roi, en donnant la grande puissance de refuser l'impôt, s'est réservé, du moins, la petite *puissance exécutive* (2). Il s'est réservé même le droit de *sauver l'État* (3). Or, si quelque chose est d'*exécution* dans un gouvernement, c'est le *lieu* de son action. Le roi a naturellement tous les droits dont il ne s'est pas dépouillé, et la Charte, qui exprime un si grand nombre de droits abandonnés, a gardé le silence sur celui que les rois ont exercé toujours, qu'ils exercent même habituellement, de choisir leur résidence ainsi que celle de leur gouvernement.

Il faut réfléchir à la nature d'une grande ville, d'une capitale, de Paris surtout, de la métropole de l'Europe et même du monde, de Paris au XIXe siècle. Si je me permettais de faire un noir *tableau de Paris*, on me croirait injuste, exagéré, misanthrope. Je le ferai faire, comme tout le reste, par des hommes qui connaissent leur sujet, par des philosophes naturellement amis de la capitale, par des jacobins qui s'y trouvèrent rois. Et d'ailleurs, quoi! on peut tous les jours flatter la grande ville, la corrompre, et il ne serait pas permis de la reprendre ! Mais... « messieurs les beaux esprits de Paris, le croiront-ils (4) ? »

(1) « Donné à Paris, l'an de grâce 1814, etc. » est-il dit au bas de la Charte constitutionnelle.

(2) Art. 13.

(3) Art. 14.

(4) M. de Montlosier.

Il y a au sein de la capitale , et dans les classes les plus corrompues , un grand nombre de personnes honnêtes et vertueuses. Nous avons au milieu de nous des saints que nous ignorons, et dont les prières seules sont la cause de notre existence et de la suspension de la colère de Dieu. Il est probable même que le grand nombre n'a que de l'indifférence , et point de haine pour la royauté ou la religion. Quant à moi , je ne connais personne dont j'oserais , dont je pourrais dire individuellement : il est mauvais. Tous les libéraux que je connais à Paris , je les ai toujours trouvés spirituels , aimables , justes , souvent généreux. Ce n'est même jamais que dans mes amis d'opinion que j'ai trouvé des adversaires personnels , ou des inconséquences vraiment funestes à la monarchie. Après tout , je les aime tous ; lorsque je cherche des fautes , ce sont les miennes que je trouve ; et si je veux condamner quelqu'un , je ne vois à condamner que moi.

Quoi qu'il en soit , voici ce que Servan disait de lui dans un de ses *discours :*

« *Retiré à la campagne* , près du peuple et loin du trône , *il a gardé plusieurs années ce poste de la vérité ;* car c'est là qu'elle habite avec le respect et la fidélité ; c'est là qu'on trouve souvent dans le même homme une grande misère et un plus grand dévouement ; c'est là enfin que le Français conserve son empreinte , trop effacée , comme on l'a dit , par le frottement dans les villes. Le préjugé général est que hors de Paris on ne peut rien voir , on ne sait rien dire ; le dernier pourrait être vrai , mais le premier ne l'est pas ; j'ose assurer que *Paris n'est pas le plus juste point de vue pour juger du progrès du bien et du mal en France ;*

qui ne regarderait que le moyeu, estimerait fort mal le mouvement de la roue. Il y a des préjugés, des erreurs, des vérités qui naissent et meurent presqu'en un jour à Paris, et qu'on peut regarder comme *l'aliment propre* de la capitale; ils n'en sortent pas plus que ses bourgeois, et ne parviennent jamais à la province; ce sont des souffles légers qui font à peine rider la superficie de cette portion de la France. *Paris est* incontestablement *le plus grand et le seul atelier de l'imagination; mais je doute fort qu'il soit le meilleur observatoire de la raison* »...

» Le luxe, armé du fouet de la misère ou de la folie, chasse les hommes des campagnes dans les villes, et des villes dans la capitale, les uns pour servir, les autres pour commander, et tous pour s'y corrompre (1).»

Un philosophe modéré, et qui *considéra* assez bien *les mœurs* d'un siècle continué dans le nôtre, Duclos, exprimait en ces termes les influences de Paris :

« Qu'un homme, après avoir été absent de la capitale, y revienne, on le trouve, ce qu'on appelle *rouillé*; il n'en est que plus raisonnable. » Cela est vrai de Duclos comme de Servan, et d'un député de province comme d'un philosophe.

Montesquieu ne faisait pas plus de cas de Paris qu'eux. « Il n'y a, dit-il, que Paris et les provinces éloignées qui soient quelque chose en France, parce que Paris n'a pas pu encore les dévorer...... Je *n'irai d'un an* au plus tôt; je n'ai pas un sou pour aller dans cette ville qui dévore les provinces, et que l'on prétend donner des plaisirs, parce qu'elle fait oublier les devoirs. » —

(1) Servan, *discours sur les Mœurs*.

Pour son bonheur et pour le nôtre, M. de Montesquieu eût mieux fait de n'y venir jamais. Si ce savant
homme (car il ne fut que cela) eût pu prévoir que
c'était à son *Esprit* peut-être que la capitale dût le
privilége terrible d'avoir au milieu d'elle des états-
généraux, il l'eût jeté au feu, comme ses *Lettres Per-
sanes*, et eût laissé *dans les bois le beau gouvernement*
qu'ils ont amené (1).

Nous avons vu le philosophe dans ses *Lettres*,
voyons-le dans son *spirituel* ouvrage : « Le luxe, dit-il,
est en proportion avec la grandeur des villes, et surtout de la capitale : en sorte qu'il est en raison composée
des richesses de l'État, de l'inégalité des fortunes des
particuliers, et du nombre d'hommes qu'on assemble
dans de certains lieux. *Plus il y a d'hommes ensemble*,
plus ils sont vains, et sentent naître en eux l'envie de
se *signaler par de petites choses* (2). S'ils sont en si
grand nombre que la plupart soient inconnus les uns
aux autres, l'envie de se distinguer redouble, parce

(1) **On dirait** qu'il a pressenti notre hypothèse, lorsqu'il a dit
dans *l'Esprit des Lois :* « Il est important à un *très-grand* prince de
bien choisir le *siége de son empire....* Je ne parle pas des *cas particuliers :* la mécanique a bien ses frottemens qui souvent changent ou
arrêtent les effets de la théorie : la politique a aussi les siens. » —
Dans le fait, *l'empire* est aujourd'hui la chambre, qui seule peut
dire :

« *Rome n'est plus dans Rome, elle est toute où je suis.* »

(2) **Dans une** grande ville, dit l'auteur de *La fable des Abeilles*,
tome I, pag. 133, on s'habille au-dessus de sa qualité, pour être es-
timé plus qu'on est par la multitude. C'est un plaisir pour un esprit
faible, presque aussi grand que celui de l'accomplissement de ses
désirs. (Note de *Montesq.*)

qu'il y a plus d'espérance de réussir. Le luxe donne cette espérance ; chacun prend les marques de la condition qui précède la sienne. Mais, à force de vouloir se distinguer, tout devient égal, et on ne se distingue plus : comme tout le monde veut se faire remarquer, on ne regarde personne. Il résulte de tout cela une incommodité générale. Ceux qui excellent dans une profession mettent à leur art le prix qu'ils veulent ; les plus petits talens suivent cet exemple ; il n'y a plus d'harmonie entre les besoins et les moyens. Lorsque je suis forcé de plaider, il est nécessaire que je puisse payer un avocat ; lorsque je suis malade, il faut que je puisse avoir un médecin. Quelques gens ont pensé qu'en assemblant tant de peuple dans une capitale, on diminuait le commerce ; parce que les hommes ne sont plus à une certaine distance les uns des autres. Je ne le crois pas ; on a plus de désirs, plus de besoins, plus de fantaisies, *quand on est ensemble* (1).

Dans ces belles considérations, Montesquieu ne fait pas seulement le tableau du Paris qu'il avait sous les yeux, il traçait d'avance le tableau de la chambre des députés.

Écoutons, sur la grande ville, l'auteur de l'*Histoire philosophique des deux Indes*. Je ne me lasserai jamais de citer les beautés des philosophes : c'est le seul moyen de les honorer et de nous instruire.

« L'homme, sans doute, est fait pour la société ; sa faiblesse et ses soins le démontrent. Mais des cités de quatre à cinq cent mille âmes sont des *monstres* dans la nature : ce n'est point elle qui les forme : c'est au

____

(1) Liv. vii. ch. 1.

contraire elle qui tend sans cesse à les détruire; elles ne se soutiennent que par une prévoyance continue et par des *efforts inouis;* elles ne tarderaient pas à se dissiper, si une portion considérable de cette multitude ne veillait à leur conservation. L'air en est infecté, les eaux en sont corrompues, la terre épuisée à de grandes distances, la durée de la vie s'y abrége; les douceurs de l'abondance y sont peu senties, les horreurs de la disette y sont extrêmes. C'est le lieu de la naissance des maladies épidémiques; *c'est la demeure du crime, des vices, des mœurs dissolues.* Ces énormes et funestes entassemens d'hommes sont encore *un fléau de la souveraineté, autour de laquelle la cupidité appelle et grossit sans interruption la foule des esclaves, sous une infinité de fonctions, de dénominations.* Ces amas surnaturels de population sont sujets à *fermentation* et à corruption pendant la paix. La guerre vient-elle à leur imprimer un mouvement plus vif, le choc en est plus *épouvantable.* » — Raynal, qui attribuait le fléau de la capitale au *fléau de son roi* unique (qu'il n'osait pas nommer), n'eût pas osé, j'imagine, aujourd'hui ne pas en accuser le *fléau de la souveraineté* de cinq cents monarques, *autour desquels* il est plus vrai que jamais de dire que « la cupidité grossit sans interruption la foule des esclaves. »

Voulez-vous voir tracées avec le pinceau de cet inconséquent J.-J. Rousseau, qui n'eut jamais de talent que lorsqu'il se moqua de ses confrères et même de lui, ces conversations de la veille qui règlent les discours, les lois, et même les chartes du lendemain?

« Que croyez-vous, dit-il, qu'on apprenne dans les conversations si charmantes des grandes sociétés? A juger sainement des choses du monde? A bien user de la société, à connaître au moins les gens avec qui l'on vit ? Rien de tout cela. On apprend à plaider la cause du mensonge, *à ébranler, à force de philosophie, tous les principes de la vertu;* à colorer de sophismes subtils ses passions et ses préjugés, et à donner à l'erreur un certain tour à la mode selon les maximes du jour.

» Il y a ainsi *un petit nombre d'hommes* et de femmes qui pensent pour tous les autres, et par lesquels tous les autres parlent et agissent ; et, comme chacun songe à son intérêt, *personne au bien commun,* et que les intérêts particuliers sont toujours opposés entre eux, *c'est un choc perpétuel de brigues et de cabales, un flux et reflux de préjugés,* d'opinions contraires, où les plus échauffés, animés par les autres, ne savent presque jamais de quoi il est question. Chaque coterie a ses règles, ses jugemens, ses principes, qui ne sont point admis ailleurs.

» .... Il y a plus, c'est que chacun se met sans cesse en contradiction avec lui-même, sans qu'on s'avise de le trouver mauvais. *On a des principes pour la conversation et d'autres pour la pratique;* leur opposition ne scandalise personne, et l'on est convenu qu'ils ne se ressembleraient point entre eux.

» Les auteurs, les gens de lettres, les *philosophes,* ne cessent de crier que, pour remplir ses devoirs de citoyen, pour servir ses semblables, il faut habiter les grandes villes; selon eux, *fuir Paris, c'est haïr le genre humain:* le peuple de la campagne est nul à leurs yeux; à les entendre, on croirait qu'il n'y a des hommes, qu'où il y a des pensions, des académies et des diners. De proche en proche la même pente entraîne tous les états. Les contes, les romans, les pièces de théâtre, *tout tire sur les provinces*, tout tourne en dérision la simplicité des mœurs rustiques, tout prêche les manières et les plaisirs du grand monde : c'est une honte de ne les pas connaître : c'est un malheur de ne les pas goûter. Qui sait de combien de filoux et de filles publiques l'attrait de ces plaisirs imaginaires *peuple Paris de jour en jour.* Ainsi, les préjugés et l'opinion renforçant l'effet des systèmes politiques, amoncèlent, entassent les habitans de chaque pays sur quelques points du territoire, et laissent tout le reste en friche et désert : ainsi, pour faire briller les capitales, se dépeuplent les nations ; et ce frivole éclat qui frappe les yeux des sots fait *courir l'Europe à grands pas vers sa ruine....* Le peuple se montre tel qu'il est, et n'est pas aimable ; mais il faut bien que les gens du monde se déguisent : *s'ils se montraient tels qu'ils sont, ils feront horreur.* » Il est assez curieux de voir tracer par l'aveugle philosophie, à la fois le caractère des crimes de la capitale, et le double tableau de la *ruine* qui lui est arrivée, et de la *ruine* qui lui la menace de nouveau !

Le célèbre auteur du *Plan de gouvernement pour la France*, dont les philosophes du dernier siècle se firent les éditeurs, et que ceux du nôtre viennent encore de citer comme *excellent* (1), le marquis d'Argenson,

---

(1) MM. Kératry et Lanjuinais : *De l'Organisation municipale.* Nous citons exclusivement le sentiment des libéraux. S'il nous fallait citer celui des royalistes, il nous faudrait les nommer tous ; car tous diraient avec M. le duc de Lévis :

« Le vice est comme le levain, dont une parcelle suffit pour faire fermenter une grande masse : cette considération devrait porter les

n'aurait eu garde de placer des états-généraux au milieu de Paris, si l'on en juge par les *considérations* suivantes : « Il serait à souhaiter que les nobles et les riches ne dédaignassent plus le séjour des provinces, qu'ils résidassent plus volontiers dans leurs terres et dans leurs villes voisines. Les moyens à y employer sont de longue haleine; ils ne peuvent venir que du *gouvernement moral* qui tend à déraciner peu à peu *l'ambition à prix d'argent;* et qui ne présente plus dans les emplois que des travaux avec moins de propriétés et moins d'honneurs frivoles. En attendant ce *grand changement* dans les mœurs de la nation, *multipliez davantage les départemens* (1) aussi bien que les emplois; vous en ferez autant de centres de dépense et de politesse par où on relevera infiniment le séjour des provinces... Toutes les lumières sont cachées. Nous sentons des incommodités qui ne nous sont pas expliquées, et nous nous entêtons pour nos maux. Un grand bruit de chaînes nous étourdit; une vapeur nous offusque. Le *séjour des villes est monstrueux pour l'humanité;* des campagnes désertes, un ciel de bois, un marché pour jardin et un jour artificiel; les habitans y perdent de vue tout esprit de la *loi naturelle.*

> La ville est le séjour des profanes humains :
> Les dieux habitent la campagne.

Ce n'est en effet que dans le séjour heureux et tran-

gouvernemens à séparer le plus possible les habitations, et à ne pas encourager la formation des grandes villes. »

(1) Le but du ministre était bon, son moyen pitoyable; l'expérience de la révolution nous l'a du moins prouvé : *la multiplication des départemens,* loin de diminuer la centralisation, n'a fait que l'augmenter. La grandeur d'une province, au contraire, ne pouvait pas accroître Paris.

quille des campagnes que l'on peut juger de *l'accord des lois* de nature avec les *lois politiques.* Si les législateurs s'y transportaient eux-mêmes, on reconnaîtrait bientôt que quantité de dispositions légales n'ont jamais été suggérées que par l'avidité et par l'orgueil, etc. » Si M. le marquis d'Argenson eût fait lui-même ce qu'il conseille aux autres législateurs, s'il n'eût ignoré les salons, il n'eût pas tracé un *plan de gouvernement,* admiré de J.-J. Rousseau et de feu M. Lanjuinais.

Nos nouveaux philosophes jugent Paris comme leurs devanciers. « Le peuple de la ville de Rome, dit M. de Pradt, abîmé de vices et remerciant le ciel de la convalescence de Néron, *est le peuple de Paris, vautré dans la corruption, et criant d'une bouche affamée : vive la république !* enfin les armées françaises sont les armées romaines, achevant la conquête du monde, à l'époque de la plus grande dissolution de Rome. C'est que dans les peuples éclairés il y a toujours aussi des hommes éclairés qui savent en tirer parti, et que le fonds de la nation restant sain, pendant que *la capitale est gangrénée,* des bras robustes et bien dirigés suppléent aux vices d'une tête efféminée. En tout état, *la corruption ne sort guère des grandes villes* ou des *grands rassemblemens ;* elle ne descend pas dans le fonds des nations qui font les armées : *Paris et Pétersbourg sont peuplés de sybarites.* »

Burke vit tout de suite ce que Paris devait être pour l'assemblée constituante : « Le pouvoir de Paris, dit-il, est évidemment un *grand ressort de toute leur politique : c'est par le moyen du pouvoir de cette ville,* qui est devenue maintenant le centre et le foyer de l'agiotage, *que les chefs de cette faction dirigent,* ou plutôt commandent dans le gouvernement, soit législatif, soit exécutif. Donc il faut *tout* faire pour confirmer la suprématie d'autorité de cette ville sur celle de toutes les autres républiques. Paris est compacte; il a une force énorme, une force tout-à-fait hors de proportion avec celle de toutes les autres républiques carrées (1). »

Il en est de la société de Paris comme d'une assemblée délibérante, et par la même raison. Elle a le privilége de gâter le talent en gâtant la vertu. Il y a tels députés que les provinces ont envoyés bons et même excellens, qu'elles retrouvent changés et méconnaissables. Elles cherchent le dévot, le ministériel, l'homme, l'ami, le citoyen, le royaliste du moins, elles ne retrouvent que l'indépendant. C'est pour cela sûrement qu'elles ne les *fêtent* pas du tout, ou qu'elles ne les *fêtent* pas long-temps.

Les capitales produisent ou recèlent des acteurs, des artistes, et tout au plus des poètes. Elles produisent ou recèlent des philosophes, des roués et des filles publiques; car *Voltaire* est bien *chez Ninon* ou chez *Molière* (2), et tout cela est à Paris dans son élément. Les grands théologiens et les grands hommes, qui ne naissent pas d'ordinaire, viennent, je le sais, ou séjournent à Paris; mais ils n'y viennent que comme leur maître se rendait dans les maisons des pécheurs pour les reprendre, et ils conservent encore *l'esprit de retour* (3). On voit aussi surgir des grandes abné-

<hr>

(1) *Réflexions.*

(2) Paris peut dire de Molière ce que le P. Porée disait de Voltaire : *C'est ma gloire et ma honte.*

(5) Art. 17 du Code civil.

gations ou des conversions éclatantes dans les capitales corrompues. La vue du crime suscite naturellement l'amour de la vertu, et *l'indignation fait* l'honnête homme, comme elle fait le *poète*. Je ne sais quel philosophe parisien dit un jour à ses confrères : Vous ferez tant que vous finirez par me faire chrétien......

« En 1789, le gouvernement du roi ne pouvait guère se dissimuler ce que les états-généraux avaient à attendre, et ce que la monarchie avait à redouter de la capitale.

« Au moment d'adresser les lettres de convocation pour les états-généraux, dit un parlementaire dont l'exactitude est connue, M. Sallier, le conseil du roi avait eu à se décider sur le choix du lieu de leur réunion : cette résolution était d'une haute importance. Dans tous les temps, lorsque les rois avaient eu la liberté du choix, ils avaient assemblé les états loin de la capitale, dans une ville du second ou du troisième ordre, afin qu'éloignés du foyer des intrigues, ils pussent délibérer avec plus de liberté et de sagesse. L'exemple du passé, les témoignages de l'histoire attestaient le danger de cette réunion dans la capitale. Ce fut cependant dans cette capitale, déjà subjuguée par un parti victorieux, au milieu d'une *immense population, habituellement dépravée*, sollicitée publiquement depuis six mois à la sédition, *ce fut là que Necker voulut établir le siége de cette assemblée.* Un *cri général* s'éleva dans le conseil. Les plus timides, ceux même qui n'avaient jamais d'autre avis que celui de Necker, *eurent honte* d'une pareille proposition. Lui-même il *n'osa* insister : et paraissant céder, il parla de Versailles. *C'était comme Paris;* on en fit l'observation, mais le roi ne voulut

pas combattre *deux fois* une proposition de Necker,
et il se décida pour Versailles (1). »

Les états-généraux ne furent pas plutôt à Versailles,
que les jacobins s'efforcèrent de les faire descendre à
Paris. Brissot, qui fut en cela imité par tous les démo-
crates du temps, fit dans son *Plan de conduite pour
les députés*, un chapitre exprès (le 22ᵉ), intitulé : *De
la translation des états-généraux à Paris.*

« Avant d'entamer cet important travail, dit-il, il
est trois articles que les états-généraux doivent déterminer. Peut-être même devraient-ils s'en occuper avant
la *déclaration des droits*, parce qu'il importe de mettre
les délibérations sur cette matière importante à l'abri
de toute influence étrangère, et de l'inquisition perfide
des postes. Le *premier* de ces articles concerne le lieu où
ils doivent continuer leurs séances. Sera-ce à Versailles,
à Paris, ou dans toute autre ville ? La fixation du lieu
faite dans les lettres de convocation *ne lie aucunement*
les états-généraux. Le *roi devait indiquer* une place,
mais c'est aux états-généraux assemblés *à juger* de la
convenance de la place indiquée. Or, il me semble que
Versailles, sous plusieurs aspects, ne peut leur con-
venir. Indépendamment des raisons d'économie, et
de convenances particulières, deux motifs puissans doivent déterminer la translation des états - généraux à
Paris. D'abord *à Versailles, ils sont trop près de la
cour,* et par conséquent *la nation est fondée à craindre qu'ils n'y soient trop sujets à son influence........*
Or, cette *influence très-puissante à Versailles, de-*

____

(1) *Annales françaises*, admirées par M. de Pradt et dignes de l'être
par tous les royalistes.

viendra presque nulle à Paris. Là, dans le *centre des lumières*, il sera plus aisé de surveiller tous ces mou- vemens clandestins, et de les faire échouer; là les états-généraux seront libres.....

» En un mot, le roi déclare dans ses lettres de con- vocation que, *selon l'usage observé par ses prédéces- seurs, il s'est déterminé à rassembler autour de sa de- meure les états-généraux, non pour gêner en aucune manière la liberté de leurs délibérations, mais pour leur conserver le caractère le plus cher à son cœur, celui de conseil et d'ami.* Or, s'il est démontré qu'en rassemblant les états-généraux à Versailles, leur liberté sera gênée; s'il est démontré qu'à Paris les états-géné- raux *n'en conserveront pas moins le caractère*, qui leur est aussi cher, de conseil et *d'amis du roi*, qu'ils pourront même *lui donner des conseils plus éclairés*, n'est-il pas évident alors que le gouvernement ne doit opposer aucun obstacle à cette translation, puisqu'elle remplit bien mieux que l'autre lieu toutes ses inten- tions? J'ai dit que Paris était le centre des lumières, et c'est encore un motif qui doit déterminer la trans- lation. Il s'élevera aux états-généraux *une foule de questions*, etc.

» Enfin, et c'est une raison qu'en tout autre temps il faudrait peut-être cacher, qu'aujourd'hui on ne pourrait omettre sans jeter du soupçon sur le patrio- tisme du monarque et de son ministre; *les états-géné- raux ont besoin d'être surveillés par la nation*, soit dans leurs débats, soit dans leurs discussions, soit dans les démarches qui les préparent. Or, cette sur- veillance ne peut être bien exercée qu'*à Paris.* C'est là seulement qu'on trouvera les lumières et l'indépendance qui sont nécessaires pour exercer ce contrôle , et pour lui mériter la confiance publique. Les lumières qui , par le nouvel ordre de choses , se répandent un peu dans les provinces , *ont dû* jusqu'à présent se ras - sembler à Paris. C'était un résultat forcé de l'ancienne constitution , et *l'indépendance des esprits est un autre résultat de la grandeur de cette ville...*. , toutes cir- constances qu'*aucune autre* ville de ce royaume ne réunit. » —Et c'est pour cela que toute autre ville était préférable ou que la monarchie devait périr infaillible- ment. (1).

Mirabeau lui-même qui se connaissait en corrup- tion , ne fait pas difficulté un jour de se faire accusateur du théâtre de ses exploits et de ses dupes. « Une seule source de prospérité manque encore à cette capitale; c'est l'union de ses citoyens , c'est *la tranquillité publique, que de fausses alarmes cherchent sans cesse à y trou- bler , et qu'une foule d'intrigans voudraient compro- mettre ,* pour en être ensuite les modérateurs ; ce sont surtout les bonnes mœurs , sans lesquelles les meilleures lois ne seraient qu'un frein impuissant. Il est *un despo- tisme du vice ; celui-là serait-il le seul que la ville de Paris n'aurait pas pu renverser ?* Des *jeux* scandaleu- sement multipliés infectent partout cette capitale. (On applaudit à plusieurs reprises.) On a dénoncé *d'autres assemblées* non moins dangereuses ; celles-là ne présen- tent-elles pas un abus ? celles-là seules présentent-elles des obstacles pour la liberté , lorsqu'on sait que la

(1) Au chapitre en question Brissot faisait succéder un chapitre : *De la nécessité d'assurer provisoirement le secret des lettres confiées à la poste.* — Comme il sort un peu de notre sujet , nous y renvoyons.

corruption des mœurs fut toujours le premier instrument de la tyrannie (1). »

Le désordre de la capitale, comme celui de l'assemblée, étaient à leur comble; on eut la pensée de les séparer pour les *diviser.*

Séance du 11 juin 1789.

Le président lit la réponse faite par le roi, à la députation chargée de lui demander le renvoi des troupes.

«Personne n'ignore les désordres et les scènes scandaleuses qui se sont passées et renouvelées à Paris et à Versailles, sous mes yeux et sous ceux des *états-généraux.* Il est nécessaire que je fasse usage des moyens qui sont en ma puissance, pour remettre et maintenir l'ordre dans la capitale et dans les environs : c'est un de mes devoirs principaux de veiller à la sûreté publique. Ce sont ces motifs qui m'ont déterminé à faire un rassemblement de troupes autour de Paris. Vous pouvez assurer l'assemblée des *états-généraux*, qu'elles ne sont destinées qu'à réprimer, ou plutôt à prévenir de nouveaux désordres, à maintenir le bon ordre et l'exercice des lois, à assurer et à protéger même la liberté qui doit régner dans ses délibérations. Toute espèce de contrainte doit en être bannie, de même que toute appréhension de tumulte et de violence doit en être écartée. Ce ne pourraient être que des gens mal intentionnés qui pourraient égarer mes peuples sur les vrais motifs des mesures de précaution que je prends. J'ai constamment cherché à faire tout ce qui pouvait ten-

____

(1) Édition de M⁰ Barthe l'avocat.

dre à leur bonheur , et j'ai toujours eu lieu d'être assuré
de leur amour et de leur fidélité. Si pourtant la présence nécessaire des troupes dans les environs de
Paris causait encore de l'ombrage , je me porterais *sur
la demande de l'assemblée* , à transférer les états-généraux *à Noyon ou à Soissons* , et alors je me rendrais à
Compiègne , pour maintenir la communication qui
doit avoir lieu entre l'assemblée et moi. »

Mirabeau répond à son tour. « Sans doute, Messieurs,
la parole du roi est digne de la plus grande·confiance ;
nous en devons tous à la bonté connue du monarque ,
nous pouvons nous abandonner à ses vertus. Mais ,
Messieurs, la parole du roi , toute rassurante qu'elle
doit l'être , n'est pas moins un *mauvais garant de la
conduite d'un ministère qui n'a cessé de surprendre
sa religion.* Nous savons tous , qu'avec plus de réserve
nous aurions évité de grands désordres. Nous savons
tous que la confiance habituelle des Français pour leur
roi est moins une vertu qu'un vice , si surtout elle
s'étend à toutes les parties de l'administration. Qui de
nous ignore , en effet, que c'est notre aveugle et mo-
bile inconsidération qui nous a conduits de siècle en
siècle , et de faute en faute , à la crise qui nous afflige
aujourd'hui et qui doit enfin dessiller nos yeux , si
nous n'avons pas résolu d'être jusqu'à la consomma-
tion des temps, des *enfans toujours mutins et toujours
esclaves.* La réponse du roi est un véritable refus ; le
ministère ne l'a regardée que comme une simple for-
mule de rassurance et de bonté , il a l'air de penser
que nous avions fait notre demande , sans attacher à
son succès un grand intérêt et seulement pour paraître
l'avoir faite. Il faut détromper le ministère. Sans doute

mon avis n'est pas de manquer à la confiance et au respect qu'on doit aux vertus du roi, mais mon avis n'est pas non plus que nous soyons inconséquens, timides, incertains dans notre marche. Certes, il *n'y a pas lieu de délibérer sur la translation qu'on nous propose;* car enfin, même d'après la réponse du roi, NOUS N'IRONS, SOIT A NOYON, SOIT A SOISSONS, QUE SI NOUS LE DEMANDONS, ET NOUS NE L'AVONS PAS DEMANDÉ, et nous ne le demanderons pas. »

Lorsque la révolution, proprement dite, fut venue, « la noblesse de Paris où la civilisation confondait davantage les classes de la société, unissait sa voix à celle du tiers, réclamait le droit de la commune, et protestait contre les ordonnances du Roi, etc. (1) » La grande ville toléra sans s'émouvoir la plupart des crimes dont elle n'était pas complice.

«J'ai donné le premier récit fidèle des crimes du 5 et du 6 octobre, disait M. Mounier; l'ouvrage qui le contenait a précédé la dénonciation faite par les membres du prétendu comité des recherches de Paris. Il leur en fait sentir la nécessité, et les a forcés de reconnaître que des attentats aussi atroces, s'ils restaient sans poursuite, *imprimeraient à l'honneur de la capitale une tache ineffaçable* (2)…. »

«Les détails que je reçus au sujet du décret qui avait mis les biens du clergé à la disposition de la nation, ne me laissèrent plus l'espoir de la liberté des suffrages,

---

(1) *Fastes de la France*, par MM. Dupont, Etienne, Manuel, Arnault, Pagès, Tissot, etc., tom. 1er, p. 482.

(2) *Appel au tribunal de l'opinion.* Dans le fait, ces attentats furent justifiés, comme ils avaient été commis, avec impunité; en sorte que la tache est devenue ineffaçable.

et conséquemment celui d'être utile. Je sus *que ce décret était depuis long-temps prononcé par les Parisiens;* que le jour où il avait été rendu, une *foule immense* était aux portes ; que les prêtres étaient menacés, insultés, forcés de se déguiser pour se soustraire aux outrages; que les galeries avaient sommé un ecclésiastique de se taire ; que personne n'ignorait que si la délibération n'était pas conforme aux *désirs* de la multitude, la *rage populaire devait tomber sur le clergé* » (1).

Le jour même (c'était le 24 juin 1789) que M. de Juigné, archevêque de Paris, accusé d'être allé avec le Saint-Sacrement conjurer le Roi de mettre fin aux désordres et de punir la rébellion du tiers–état, était poursuivi à coups de pierres dans les rues de Paris, les électeurs de la Commune s'assemblaient sans convocation, et donnaient l'adhésion de la ville aux attentats de l'assemblée *nationale* (2).

Mais il y avait peut-être d'autres désirs, et une autre *rage* dans la *multitude* dont parle le vertueux Mounier.

Il agissait, à ce qu'il paraît, en son nom seul, le nouveau maire de Paris, M. Bailly, lorsqu'il présenta au Roi les clefs de la ville, et lui dit : « J'apporte à Votre Majesté les clefs de sa bonne ville de Paris ; ce sont les mêmes qui ont été présentées à Henri IV, il avait reconquis son peuple ; ici c'est le peuple qui a reconquis son Roi. » Ces jours de bonheur et de *victoire* ne durèrent pas long-temps. Ils furent bientôt remplacés par les jours de deuil et de défaite, où le maréchal

(1) *Ibid.*

(2) *Histoire des états-généraux*, de M. Granié.

de Broglie se précipitait aux genoux du Roi en s'é-
criant : « Sire , éloignez-vous d'une ville révoltée ; ve-
nez au milieu de vos fidèles soldats ; ils seront fiers de
sauver leur Roi , et vous n'aurez que quelques chefs à
punir. Un monarque ne doit jamais rester au milieu de
la portion de ses sujets qui ose méconnaître son autorité , et qui la brave. »

Cependant M. de Mirabeau charge un député de
l'ordre de la noblesse de dire au Roi : « que dans son
palais même ses courtisans ont mêlé leurs danses à une
musique barbare ; et que telle fut l'avant-scène de la
Saint-Barthélemy. Dites-lui que cet Henri dont l'univers bénit la mémoire , et qu'il voulait prendre pour
modèle , faisait passer des vivres dans Paris qu'il assié-
geait , et que ses *féroces* courtisans font rebrousser les
farines que le commerce apporte dans *Paris fidèle* et
affamée. » Il est assez clair aujourd'hui , je pense , que
la *férocité* n'était pas plus à la cour , qu'à la ville la
faim ou la *fidélité.*

L'infidélité et la révolte avaient leur siège dans la
ville , elles l'avaient surtout dans l'assemblée nationale.
Lorsqu'on demanda aux militaires de la garnison de
Paris : «s'ils seraient fidèles au Roi , et s'ils serviraient
contre ses ennemis,» ils protestèrent de leur amour et
de leur fidélité. On ajouta : « *si ses ennemis étaient
dans l'assemblée des états-généraux ? — Ce sont,* ré-
pondirent ces militaires , *les envoyés du peuple, et nous
ne pouvons être juges entre eux et le Roi.* » — Voilà
l'armée telle que la philosophie l'avait élevée , et telle
que la capitale l'avait faite.

Aux élections connaissez les lieux comme vous
connaissez les électeurs. La *bonne ville* qui avait élu .

entr'autres , *Sieyes* et *Guillotin* à l'assemblée consti -
tuante, élut à la convention les deux Robespierre (dont
la *Revue de Paris* d'aujourd'hui vient de faire l'apologie), *Marat* , *Danton* , *la Vicomterie* (1), *Collot d'Her-
bois* , *Billaud-Varenne* , *Sergent* , *Camille Desmoulins* ,
Fréron , *Panis* , *Legendre* surnommé *le boucher* (2) ,
et M. *le duc d'Orléans* , qui TOUS votèrent la mort du
bon Roi.

Quoi qu'il en soit, le jour de honte est arrivé.

Le général Dumourier se récrie beaucoup contre
la nation française , et « *les frivoles et barbares Parisiens* , qui ont vu avec indifférence massacrer un
roi , après l'avoir béni , adoré , comparé aux meilleurs
de leurs rois. » Et dans le fait , voulez-vous voir *le* 21
janvier 1793 peint par un témoin oculaire , et de main
de maître ? Mercier, en applaudissant au meurtre de
Louis XVI et à l'établissement d'une *fête régicide* , s'é-
crie : « Cette fête est grandement patriotique : c'est une
fête républicaine immortelle. Tous les rois de la terre
ont senti sur leur nuque le coup de guillotine qui a sé-
paré la tête de Louis XVI de son corps. Il n'est plus ;
et, s'il le faut , *je danserai politiquement sur sa cen-
dre.*—Son sang coule : c'est à qui y trempera le bout de
son doigt , une plume, un morceau de papier. L'un le
goûte et dit : Il est b... salé. J'ai vu défiler le peuple ,
se tenant sous le bras , riant , causant familièrement ,

____

(1) L'auteur des *Crimes des rois de France depuis Clovis jusqu'à
Louis XVI*. — Ce fut son titre à l'élection.

(2) Un des députés de Paris s'appelait *Boucher* , et vota comme tel
la mort de Louis XVI. *Manuel* , etc. , faisait aussi partie de la députation parisienne.

comme lorsqu'on revient d'une fête. Aucune altération n'était sur les visages ; et *l'on a menti* quand on a imprimé que la stupeur régnait dans la ville. On cria les gateaux et les petits patés autour du corps décapité (1).

Le peuple de Paris toléra, comme on voit, assez indifféremment le 21 janvier en particulier. Ce fut sans doute pour cela que la convention, qui avait rendu vingt décrets portant qu'*il avait bien mérité de la patrie* (2), nomma le 21 mai suivant une commission *pour informer sur le complot de calomnier Paris dans les départemens royalistes.*

Mais poursuivons l'histoire et les preuves des mœurs de la capitale.

Un membre du comité de salut public écrivait le 27 décembre 1793, au président Brutus, à Marseille :

« Je citerai toujours Paris, car *Paris peut servir de modèle en tout.* A Paris donc, l'art de guillotiner a atteint sa dernière perfection. Samson et ses élèves guillotinent avec tant de prestesse, qu'on croirait qu'ils ont pris des leçons de *Comus*, à la manière dont ils escamotent leur homme ; ils en ont expédié douze en treize minutes. Envoyez votre exécuteur de Marseille faire *un cours de guillotine* de son collègue Samson, car nous n'en finirons pas... » (3). C'en est assez...

Il semble que Louis XVI, ne pouvant consigner l'as-

----

(1) *Nouveau tableau de Paris*, par Mercier. Celui-là du moins pouvait être pensé dans la rue et écrit sur la borne.

(2) **V.** notamment les décrets des 30 août, 1er et 6 septembre, 12 et 17 octobre 1792 ; 1er mai 1793, etc.

(3) *Journal de l'anarchie*, t. 3. 1423. C'est un recueil plein d'intérêt, récemment réimprimé, où j'engage les amis de la révolution à lire, *jour par jour*, pour s'en désabuser, ses crimes ou ses folies.

semblée à Blois ou à Bourges (comme le comte de Bou-
lainvilliers le demandait) (1), devait y placer sa cour.
Mais il pensait avoir un autre soin à remplir : il se
croyait forcé de se mettre, comme le gardien du lion,
à côté de lui pour le caresser ! Bientôt il fut gardé à
son tour.... Santerre, Parisien et bourreau, ne trem-
bla point devant l'horrible mandat que la Convention
lui donna de le garder !... La place où Louis XVI fut
exécuté, au milieu de Paris, devait à la restauration se
trouver *un temple*. Elle était du moins restée visible
et respectée sous Buonaparte. Elle le fut même sous le
ministère de celui qui *glissa dans le sang* d'un autre
Bourbon. Le ministère d'aujourd'hui, à la requête de la
ville de Paris, a demandé à la chambre des députés,
et elle en a obtenu, à l'unanimité, la conversion en je
ne sais combien de salles de plaisirs ou de voluptés !

Lorsque la révolution s'endormit, M. Necker, qui
retrouvait dans la retraite les vérités que les affaires de
la capitale lui avaient fait oublier, entrevit dans la
corruption de cette cité l'une des causes de la nouvelle sorte de tyrannie qui la menaçait. « Le pays
d'ailleurs est si grand que les plaintes de plusieurs por-
tions de la république ne retentiront point au centre,
ou n'y retentiront que faiblement, surtout lorsque ce
centre, le bruyant Paris, deviendra, comme on doit
s'y attendre, le point de réunion de tous les intérêts et
de toutes les curiosités, et qu'on y accourra des extré-
mités de l'Europe, pour jouir plus ou moins long-temps
d'un spectacle nouveau et pour s'associer, dans le jeune
âge, aux résultats variés de la liberté des manières,

(1) Dans ses *Mémoires* au Régent qui n'en voulut point.

de l'affranchissement des égards et de *la dissolution des mœurs*. Je n'exagère point; une sorte de carnaval perpétuel *favorisera les entreprises de l'autorité suprême;* elle donnera des fêtes; elle laissera rire et jouer, pourvu qu'on la laisse dominer; et *la politique de Venise* sera peut-être adoptée par le gouvernement français (1). »

Buonaparte était clairement désigné là.

Ainsi donc, c'est à la ville de Paris que la France a dû le plus froid de ses tyrans! Ce ne furent pas ses mandataires qui sollicitèrent sa déchéance, prononcée d'ailleurs par un juge en état de faire exécuter sa sentence, l'armée européenne (2). Un écrivain de Paris appelle ces mandataires *épouvantables* (3). Paris accueillit Buonaparte au 20 mars; il voulait au 20 juin le re-

______

(1) *Histoire de la révolution.* Madame Necker, qui n'avait pas moins d'esprit que sa fille ou son mari, Madame Necker, qui a eu l'honneur d'être très-bien analysée par M. Barrère, observe très-bien aussi : « on craindrait, à Paris, un gouvernement parfait qui ne donnerait aucune prise à la critique, *comme les matelots craignent le calme sur la mer*, qui ne leur permet pas de renouveler leurs alimens; et cependant nous n'aimons l'agitation qu'à la manière des enfans, qui veulent qu'on les berce sans se mouvoir eux-mêmes.....

« On est *partout* sur la terre plus vertueux qu'à Paris; mais à Paris on parle mieux de la vertu qu'ailleurs. Cette ville ressemble à l'Apollon de Délos, qui ne disait ses oracles que dans une caverne où les rayons n'avaient jamais pénétré. »

Elle écrivait enfin à Caraccioli : « Il est impossible que vous ayez une idée de ce Paris, devenu *raisonneur et homme d'État.* »

(2) L'empereur Alexandre, dans sa déclaration de guerre du mois de février à Buonaparte, a appelé son siècle *un siècle de faiblesse et de lâcheté.* — Il avait bien raison; et c'est pour cela qu'il est venu qu'il a vu et qu'il a vaincu.

(3) *Album.*

tenir. Aujourd'hui encore, sur ses quais, dans ses *poëmes*, sur ses théâtres, il reproduit, sous mille formes, l'image de son ancien dominateur; que sais-je? il aspire peut-être à se dégrader sous *le fils de* cet *homme* de malheur, comme M. de Chateaubriand l'appelait !

La corruption de la capitale, loin de s'affaiblir, n'a fait que s'accroître depuis la révolution. « Il n'y a point de propriétaires dans cette ville : ceux qui y possèdent ne sont en général que *des marchands de logemens;* c'est un genre d'industrie qui, comme tous les autres, a des sujétions, exige des complaisances, *n'a rien qui puisse élever le caractère*, et par conséquent ne met point un homme dans des relations de protection, des habitudes d'indépendance, qu'on puisse comparer aux habitudes d'un propriétaire qui vit sur ses domaines. Toutes les richesses industrielles se concentrent à Paris; les opinions qu'elles inspirent n'y sont balancées que par un esprit plus opposé encore au système territorial. On sent que je parle ici de l'esprit que doivent porter dans les élections ceux qui vivent des places données par l'administration et payées d'une part considérable des contributions publiques. C'est également dans Paris que se concentrent les propriétés fictives, c'est-à-dire tout emploi d'argent dont le prêt à usure fait au gouvernement est soustrait de droit à l'impôt, quoique les bénéfices de ce prêt usuraire soient payés d'une part des contributions levées sur l'industrie et sur la propriété territoriale ; de sorte qu'il est vrai de dire que la France est si singulièrement organisée, que *les malheurs qui l'accablent sont presque toujours des causes de profit pour la capitale.* Les dépouilles du monde et des provinces s'y entassaient sous Bonaparte... Il serait donc possible que l'opinion de Paris, toute dévouée à la personne du Roi, et favorable à un ministère qui sacrifierait l'ascendant de la propriété territoriale, fût cependant opposée à la monarchie, tandis que l'opinion qui triompherait d'elle-même dans les provinces, si on ne l'écrasait pas, serait favorable à la royauté» (1).

M. Fiévée n'a pas été seulement frappé du danger de l'opinion des Parisiens; il l'a encore été de leur orgueil. «J'ai vu partir, dit-il, des salons de Paris, sur les présidens de canton qu'une cérémonie publique avait rassemblés dans cette ville, des *moqueries* faites par des hommes qui n'étaient logés, habillés, nourris, titrés qu'aux dépens de ces bons présidens de canton qui paient toujours et ne demandent jamais rien ; j'ai vu tout Paris répéter ces tristes plaisanteries sur les culottes de prunelle noire et les bas chinés des présidens de canton, qui du moins les avaient payés d'un argent qui n'était pris à personne ; et Paris ne se doutait pas qu'il faudrait continuer de voler l'Europe et la France, de tuer chaque année quelque cent mille Français et étrangers, pour continuer à fournir toutes les jouissances du luxe aux heureux inventeurs de ces plaisanteries. »

C'était au milieu de Paris, à la vue de ses désordres, et dans le sentiment de son indignation contre la Charte que le sénat de Paris voulait imposer à Louis XVIII, que M. Grégoire publiait les réflexions suivantes : « A certaine époque on disait des Romains, qu'il leur fallait *panem* et *circenses*, du pain et des spectacles. *La plupart de nos citadins* ont un troisième besoin, celui de ramper. A toutes les époques de la révolution, on les vit prosternés devant quelque idole :

____

(1) Session de 1816.

point de dignité dans leur caractère. Et comment en auraient des hommes que *vingt-cinq ans passés à l'école du malheur n'ont pas ramenés à la vertu?* des hommes qui, les uns sous des formes agrestes, les autres sous un masque agréable et même séduisant, cachent une *immoralité profonde?* Un peuple n'aura jamais *de morale, s'il ne la reçoit des mains de la religion*, qui épure tous les sentimens, qui élève l'âme à tout ce qu'il y a de grand et de sublime. Mais la religion, si nécessaire aux gouvernés, *c'est plus encore aux gouvernans....* L'âme est profondément contristée à l'aspect de *fourbes couverts d'or et couverts de crimes,* qui, par leur fortune, leur audace et leurs places, exercent sur la société un ascendant funeste. Louis XIV disait tout haut : *l'Etat, c'est moi;* eux disent tout bas : *la patrie, c'est moi.* C'est le *moi* qui est le thermomètre secret de leurs actions (1). »

La dégradation des mœurs de Paris devient chaque jour plus profonde, plus universelle, plus active, avec l'accroissement de sa population que le gouvernement protège, que rien, hormis l'égoïsme, ne retient; avec la licence plus effrénée que jamais de ses livres, de ses journaux, de ses académies, de ses théâtres, de ses clubs et de son gouvernement. Elle est chaque jour plus menaçante. La cité reçoit une partie de sa dégénération de ses assemblées délibérantes : elle rend, à son tour, la dégénération à ses assemblées. L'abîme appelle partout l'abîme.

Les grands semblent le disputer aux petits, les gou-

____

(1) *De la Constitution de* 1814. 4ᵉ édition, corrigée.

vernemens aux peuples en faiblesse, et l'on ne sait lesquels, des crimes d'État ou des crimes privés, des vices affichés ou des vices secrets, l'emportent en gravité ainsi qu'en résultats. Les escroqueries, les abus de confiance, les banqueroutes, bien plus coupables et bien autrement odieux que les vols à force ouverte, sont aussi bien autrement nombreux et se commettent bien plus impunément. Il y a des ateliers officiels de débauches, et des manufactures encouragées de calomnies. Je ne parle pas des duels ou des suicides : leur gloire au palais, et même aux académies, est passée en *force de chose jugée.*

La corruption est si visible qu'elle est avouée par ceux-là même qui la produisent. Voici ce que nous lisons dans le *Constitutionnel:* « Nous avions dit, d'après le rapport du conseil de salubrité de Paris, quel avait été, en 1826, le nombre des *suicides* dans cette ville, et quelles causes, connues ou présumées, avaient porté 511 habitans de la capitale à se donner la mort. Le *jeu* et la *loterie* ont eu la plus grande part à ces actes de désespoir ; les chagrins domestiques et la misère ont été les terribles auxiliaires de ces deux grandes sources d'immoralité. Le nombre toujours croissant des *aliénés*, des *enfans trouvés*, abandonnés par leurs parens, ou nés dans les hospices de filles-mères ; *la multiplicité des délits et des crimes* dont chaque jour les auteurs sont traduits devant les tribunaux correctionnels et les cours d'assises, *attestent les progrès de cette maladie morale*, dont la société doit rechercher la *cause* et le *remède.* »

La *cause* de la corruption c'est la philosophie, dont les journaux sont les organes ;

« *La feuille* (1) *despotique asservit l'univers.* »

Le *remède* c'est sa suppression.

Il faut que la corruption de la capitale nouvelle soit bien avérée : elle a rendu nécessaires la multiplication de ses tribunaux criminels et la permanence de ses cours d'assises ; et, comme elle avait les avocats de ces *tribunaux*, il a fallu aussi qu'elle ait leurs *gazettes*, c'est-à-dire un instrument criminel et générateur de plus.

Ce n'était point assez pour notre corruption d'être dotée de son journalisme, elle a reçu aussi sa statistique. Nos *surintendans* faisaient naguère des comptes rendus de nos finances qu'ils avaient épuisées ; nos gardes des sceaux mettent aujourd'hui leur gloire à perfectionner, à publier les *comptes rendus* des crimes que leur imprévoyance n'a pas su prévenir. Les coupables semblent devenus l'objet des prédilections de nos ministres. Des Conseils d'État président à leur protection : on traite les prisonniers de la patrie comme on ne traite pas ses soldats. La capitale tout entière ne semble plus qu'une immense association d'indépendans. Le ministère des affaires ecclésiastiques doit être nul, la chancellerie peu de chose, et Vidoc doit se trouver un héros. La police peut dire, comme Louis XIV, *l'État c'est moi.*

On fait des tableaux officiels de nos menus plaisirs ; mais qui pourrait, qui oserait dresser ceux de nos

(1) Delisle disait, de son temps, *le mannequin* des marchandes de modes. C'était sous Buonaparte, et nos temps sont changés.

crimes et de nos folies ?.... nous les confondons avec l'honneur et peut-être avec la vertu.

Voici les énergiques et utiles aveux récemment faits par quelques libéraux indépendans que la vue d'une partie du mal refoule quelquefois du côté de la vérité, mais qui ont le malheur de ne savoir jamais eux-mêmes frapper sur les passions que pour les faire renaître, attaquer les ennemis de l'ordre social que pour les remplacer. Ils font un énergique tableau des révolutionnaires. Devaient-ils commencer par faire l'apologie de la révolution ?

Citons une partie de ce document vraiment historique que les feuilles libérales ont étouffé. « La révolution, disent nos adeptes, ne s'endormit pas long-temps dans les bras du despotisme. Après avoir expié ses inévitables imprudences, elle s'est élancée de la pointe d'un rocher solitaire ; et, consacrée, pour ainsi dire, par le serment de deux rois, elle poursuit à jamais le cours de ses immortels triomphes. Et cependant où sont ses défenseurs, ses héros ? Que sont devenues ces gloires si pures, si grandes ? Quel abîme a tout englouti ? Ah ! nous pouvons pardonner à des âmes vulgaires les regrets et les plaintes contre la révolution. Nous pardonnons à des esclaves nés, à des êtres corrompus et vils d'offrir encore leurs bras à des chaînes dorées ; mais le mépris fait place à l'horreur et à une profonde indignation, quand nous voyons les mêmes hommes qui avaient combattu pour la liberté ramper dans les anti-chambres d'un soldat parvenu et cacher dans ce moment leur trahison et leur infamie sous le poids fastueux des plus futiles décorations. Pour ces hommes il n'y a point de grâce. Eh bien, leur histoire n'est-elle pas celle de presque tous leurs contemporains. Les sommités de l'ordre social ne sont-elles point presque toutes actuellement envahies par les apostats de la révolution, valets de l'empire, ou par ces caméléons qui ont toujours leur conscience à vendre ? Cette tourbe exécrable n'est poussée que par les mêmes mobiles : une basse ambition et une insatiable cupidité. Tel est, jeunes Français, le triste et douloureux spectacle qui se présente à vos regards. La corruption a étendu ses ravages, et les esclaves d'hier ont eu aujourd'hui leurs esclaves. Hier ils composaient la cour du tyran, et ils ouvrent aujourd'hui leurs palais à la foule empressée de leurs stupides adorateurs. Oui, nous vous l'attestons, jeunes Français, la franchise, la bonne foi, l'amour pur et désintéressé de la chose publique sembleraient exilés de notre pays, si nous n'étions appelés à en donner bientôt nous-mêmes les premiers exemples. » Ainsi donc un libéralisme n'est pas plutôt triomphant dans les chambres, que le voilà l'objet de la jalousie d'un libéralisme nouveau, qui triomphera à son tour, jusqu'à ce qu'il intervienne d'abord un tyran, et puis un roi !

Telles sont les mœurs privées ; voici nos mœurs et notre religion de l'État dans la capitale.

Là se trouvent pêle-mêle les juges constitutionnels, les commerçans insatiables (M. Montlosier les nomme *révolutionnaires*) (1), les rentiers prétentieux, le barreau républicain, les acteurs opulens, les écrivains incendiaires, les assemblées divisées, les rois hués (2),

(1) *Monarchie en 1822, etc. passim.*
(2) *Chansons de Béranger.*

les prêtres dédaignés (1), les prisonniers libres et les coupables courtisés; car on dirait de nos jours que les rois sont encore en prison, et que les prisonniers sont à la cour. Nos criminels d'État, nos plus petits délinquans, sont sur le point peut-être de gouverner l'État. C'est au milieu de ce renversement complet de la société qu'on nous assure que la *révolution* n'est point à craindre. Je le crois bien, elle est faite.

Nos lois criminelles auraient besoin d'être exécutées, elles auraient besoin peut-être de devenir plus sévères (2) (car il faut accorder à la gendarmerie tout ce qu'on refuse à la religion); et nous modifions la contrainte par corps!.... Nous en voulons même à la peine de mort!

Et sans elle pourtant qu'eussions-nous donné à Louvel?

Qu'auriez-vous à infliger un jour aux ministres dont vous poursuivez la mise en jugement avec une aussi effroyable persévérance (3)?

Nous avons des millions de feuilles qui, chaque jour, font des appels à l'insurrection sous le nom de *liberté*, et des apologies des assassinats révolutionnaires sous le nom de *nécessités* (4). Nous avons, nous payons même largement de célèbres professeurs titulaires qui enseignent à la jeunesse, aux pieds de laquelle s'humilient nos députés (5), que le « sensualisme et le scepti-

---

(1) La commission de la loi municipale, qui admettait tout le monde à l'élection du maire, en excluait les ecclésiastiques.

(2) C'était l'avis de Bossuet dans sa *Politique Sainte.*

(3) M. de Montlosier a publié que « s'il était juge de M. de Villèle, il prononcerait, en conscience, *sa mort.* »—*Et nunc reges, intelligite!*

(4) Voy. *le Constitutionnel* du jour que vous voudrez.

(5) Réunion de jeunes Francs-Comtois et de vieux Montagnards.

cismes ont d'une *utilité immense* (1) ; que « l'homme n'est *peut-être* qu'une masse de matière organisée qui périra demain *pour toujours* » (2) , et que « *l'invention* de la spiritualité de l'âme était *due aux chrétiens* (3). » Là ce sont des députés célèbres qui vont faire la cour au chantre impuni, aussi lâche qu'audacieux, de la majesté du roi et même de la majesté de Dieu. Ici, c'est un rejeton de la plus illustre noblesse de la monarchie, assistant avec dignité, en larmes, à la mort païenne d'un acteur fameux (4) du théâtre de *son département;* car le *département des beaux arts* figure, comme celui des *haras* et du *commerce*, dans notre ministère. Celui des *Affaires Ecclésiastiques* n'est plus que celui des *cultes.*

Un musicien de la volupté, que la Grèce dégénérée eût banni, a reçu les royales funérailles du néant. Des villes, des tribunaux se sont disputés son *cœur* (5). Le cortége des plus fidèles amis des rois pâlit devant celui des hommes qui ne les ont reçus qu'avec *répugnance* (6).

Comme autrefois Simon *le Cyrénéen*, dont l'Évangile nous raconte l'histoire, s'enorgueillissait de porter la croix du Sauveur sur le Calvaire, nous nous sommes disputé la gloire de porter les dépouilles d'un noble apostat de la noblesse antique (7)..... Cependant nous

(1) M. Cousin.
(2) M. Broussais.
(3) M. ***.
(4) V. *le Courrier des Théâtres* des 12 et 13 juillet 1826.
(5) Grétry.
(6) Les funérailles des Manuel, Foy, etc. , et du saint duc Matthieu de Montmorency.
(7) M. le duc de Larochefoucault.

(43)

regardons passer , sans cris d'amour, au milieu de nous ,
des rois qui ont donné pour nous leur vie , et qui sont
prêts, s'il le faut , à la donner encore ; et lorsque , par in-
advertance , nous nous avisons d'élever un vain et tardif
mausolée aux héros modernes de la fidélité antique ,
nous nous hâtons de laisser entendre qu'il n'y eut
d'héroïsme que dans leurs bourreaux (1).

On peut voir des chanteuses recevoir 75,000 fr. de
traitement annuel , des auteurs et même des acteurs de
mélodrame où les rois sont sifflés avec eux , recevoir
122,000 fr. pour *leur part* dans le dernier butin (2).
On peut voir, depuis 1814, chacun des ministères fai-
sant élever un spectacle nouveau (le dernier a coûté 7
millions) , dotant d'un million 400,000 fr. annuel les
théâtres en général (3); et en même temps les émigrés in-
demnisés manquant de pain , les pairs de France invo-
quant la commisération d'un député, et le roi lui-même
obligé de faire liquider ses dettes par une *Commission*.

Nous avons vu quelque chose de plus étrange encore.
Au temps de Henri IV ou de Louis XIV , la royauté

(1) *Constitutionnel* du 2 mai.

(2) V. *le Messager* du 2 février 1829.

(3) Ces documens, dignes de l'attention de M. Charles Dupin,
sont tirés d'un livre *ex professo* sur la matière, publié par un directeur de théâtres, qui lesa , dit-il, *étudiés* tous , et qui depuis trois ans
a fait plus de 1200 lieues pour les visiter. » Il nous apprend après tout
que nos théâtres, si richement dotés par l'État, et plus richement
dotés encore par les citadins, sont tous en état de banqueroute.
(Voy. *le Marasme politique en* 1829 de M. Merle.) Le titre seul de ce
livre est excellent. Le ministère, dans les temps mauvais, a un avantage du moins, c'est de trouver des leçons même au théâtre. Il y a
tel livre de grand seigneur ou de *Dame de qualité* qui est beaucoup
moins utile que celui de M. Merle. *O tempora, ó mores!*..

n'apparaissait en parlement que pour y recevoir des hommages, ou pour y intimer des ordres, en *lits de justice.* Autres temps, autres mœurs! Louis XVIII s'est vu appelé en cause, il s'est vu traduit à Paris de tribunal en tribunal, par des créanciers qui auraient assez bien fait pourtant de conserver des rois pour débiteurs. Il s'est vu en butte aux remontrances et quelquefois aux sarcasmes d'un avocat de Paris, au milieu d'une cour impassible. Il n'a fallu rien moins que la Cour royale de cassation pour absoudre nos rois de leur pauvreté ou de l'injustice civile de leurs sujets. J'ignore si l'absolution est ici plus honorable pour la monarchie que sa condamnation.

Ce n'est pas tout : « Un procès vient d'être pendant au *tribunal de commerce* de Paris, entre des acteurs et le directeur de l'un des *théâtres royaux* placés, comme tels, sous l'autorité de M. le duc d'Aumont, gentilhomme de la chambre du roi : « A ces causes, a dit une feuille libérale, le tribunal a appelé le roi, en sa qualité de directeur de spectacle, afin qu'il ait à main tenir ses engagemens. *Chose monstrueuse dans un état constitutionnel !* voilà que Sa Majesté est appelée en cause pour des affaires de théâtre, et sera obligée de faire défaut, si mieux elle n'aime se faire représenter par M. de la Bouillerie, le ministre de sa maison. Après cela, vantez-nous vos priviléges et votre éternelle manie de tout *centraliser,* pour arriver, à travers mille frivolités, à de pareils résultats. » Il semble que la monarchie aurait toutefois assez de raison pour avoir horreur des spectacles; plus d'une fois elle y a trouvé la mort, lorsqu'elle n'y a pas eu d'autres malheurs !

Paris corrompt tout ce qui l'approche : la mesure

des mœurs d'un pays est celle de sa distance de cette ville contagieuse. Elle dégrade en particulier les nombreux villages qui l'entourent (1) ; elle ne leur donne son or qu'au prix de ses vices. S'il y a encore en France de la fidélité politique parce qu'il y a de la fidélité religieuse, c'est dans les provinces qu'il faut la chercher. Besançon, Troyes, Bourges, Langres, Autun, Moulins, entre beaucoup d'autres, furent toujours des modèles de fidélité. Pendant que la ville de Paris assistait tranquillement à la discussion du procès de son bienfaiteur, la Normandie elle-même, d'ailleurs si intéressée, a vu « 150 de ses villes envoyer des pétitions à la Convention en faveur du royal prisonnier (2). » Au 20 mars, l'officier d'ordonnance que Buonaparte envoya explorer le Midi écrivit « qu'à Montauban, par exemple, la *gloire*, la *patrie* et l'*indépendance* étaient des objets de dérision, et que Toulouse était un foyer de révolte. » L'envoyé de Bordeaux répondit que « l'amour des Bourbons y était porté jusqu'au fanatisme chez les femmes (3). »

Paris est le siége naturel des *comités directeurs*, des clubs, des sociétés secrètes (4), « au-dessous desquelles il n'y a que les enfers (5)», qui se déclarent elles-mêmes

---

(1) A *Colombe*, on voit des paysans adorer le soleil, et Vaux, que La Fontaine chantait, est *presque* tombé à l'état sauvage.

(2) *La France sous le règne de la convention*, par M. de Conny.

(3) Voy. dans la *Biographie* de MM. Michaud les noms *Planat* et *Resigny*.

(4) Leur nombre, qui ne s'élevait qu'à 22 à Paris en 1789, selon l'athée Lalande, dans son *Histoire du grand Orient*, p. 10, s'élève aujourd'hui à soixante-dix, selon leur historien, M. Bazot, qui porte à cent mille le nombre des frères français.

(5) *Prospectus* du *Mémorial catholique*.

«immortelles par la succession, *invincibles* par l'union,» et qui affirment que « le *colosse* de la *tyrannie* tombera sous leurs coups (1). »

Cela donné, Paris se trouve la plus puissante des associations qui ait jamais existé. C'est le levier avec lequel Archimède eût soulevé, en se jouant, le monde. C'est aussi celui avec lequel, un jour, un de nos grands, et peut-être un de nos petits esprits faux, soulevera encore une fois la chrétienté.

Les sujets mauvais et les mauvais sujets de la France, de l'Europe et même du monde, se donnent rendez-vous à Paris, comme autrefois ils faisaient à Rome (2). Elle repousse les rois légitimes alliés, et elle *répugne* à obéir lorsqu'on lui commande de mettre la main sur les *indignes* (3).... Elle fait plus, elle présente à son roi des pétitions armées (4). Elle accueille en temps

(1) Voyez les *Révélations d'un franc-maçon* dans *le Mémorial.*
Le jour de la fête maçonnique dite *du solstice d'été,* le F.·. Vassal, secrétaire du cabinet des dépêches, prononça un discours où, après les plus effrayans aveux, il dit à ses co-initiés : « Si vous joignez aux avantages que présente l'enseignement des doctrines *saines* auquel se livrent les ateliers, les relations *intimes* et *constantes* qu'ils entretiennent avec le Grand-Orient, vous serez *convaincus* que notre force morale est *si supérieure à celle de la plupart des autres institutions, qu'elle embrasse l'immense surface du globe;* parce que partout où la civilisation a pénétré, *partout l'influence du Grand-Orient y brille avec éclat.* Les vérités que nous vous exposons sont si positives, que, s'il nous était permis de mettre sous vos yeux les détails que renferment les nombreuses *planches* de la correspondance, vous vous convaincriez plus que jamais de l'inébranlable fidélité des ateliers du Grand-Orient..... » Et la plupart des *francs-maçons* sont *francs,* grand Dieu !

(2) Salluste, *conjuration de Catilina.*
(3) M. Manuel.
(4) Le 22 août 1827. — Loin d'accuser personnellement les péti-

et lieu les usurpateurs ; et comme a dit M. de Châteaubriand, lorsque la monarchie s'en va, elle la regarde passer de ses fenêtres ! . . . .

. . . .

Il est temps de conclure.

A nulle autre époque de l'histoire de France, il ne fut plus utile de poser des bornes à l'étendue de Paris (1), et de mettre un terme à ce fléau de la centralisation qui dévore la capitale aussi bien que les provinces, contre lequel les libéraux réclament depuis si long-temps avec autant de persévérance et d'énergie que d'inconséquence ; fléau que le gouvernement représentatif, tel que nous l'avons, a plus aggravé que n'avait fait le gouvernement impérial ; fléau qu'au fond même la chambre des députés toute seule aujourd'hui produit.

tionnaires, je les admire en quelque sorte, comme j'admire M. Mercier. Ils ont fait *seuls* ce que tous leurs confrères n'eussent pas osé faire. Il y a, ce semble, dans les délits politiques une circonstance atténuante, c'est l'audace. Mais je m'aperçois que ce n'est pas en publiciste, mais en homme du monde, en *Parisien* que je parle....

(1) «Les guerres, dit le président Hénault, règne *d'Henri II*, donnèrent lieu d'accroître les faubourgs, et firent craindre que la ville, devenue trop grande, ne ruinât le reste du royaume ; le roi donna un édit à ce sujet, en date du mois de novembre 1549. C'est le premier réglement qui a fixé les bornes de la ville de Paris ; cette crainte n'était que trop bien fondée, et voici comme Louis XIV s'en expliqua depuis dans ses lettres-patentes de 1672, où il renouvela les mêmes défenses déjà faites plusieurs fois, de trop étendre les limites de Paris, accru alors de plus de moitié, «qu'il était à craindre que la ville de Paris, parvenue à cette excessive grandeur, n'eût le même sort des plus puissantes villes de l'antiquité, et qui avaient trouvé *en elles-mêmes le principe de leur ruine*, étant très-difficile que l'ordre et la police se distribuent commodément dans toutes les parties d'un si grand corps.» Que penserait aujourd'hui *Louis-le-Grand !*

A nulle autre époque, il n'est devenu plus urgent de soustraire à l'esprit de Paris, à ses mœurs, à sa toute-puissance l'assemblée d'où dépendent les destinées de la France et peut-être les destinées du monde. Quelles doivent être les conséquences du séjour ordinaire d'une grande assemblée dans la capitale ! La présence d'un seul homme au milieu d'elle a pu être regardée comme un sujet de trouble. L'assemblée nationale elle-même s'était vu forcée d'en exiler le duc d'Orléans qui s'était réfugié en Angleterre (1). Lorsque vint la fédération du 14 juillet 1790, le malheureux sollicita son retour. M. de la Fayette dit à l'assemblée :..... « Les mêmes raisons d'écarter de Paris M. le duc d'Orléans subsistent encore, et peut-être on abuserait de son nom pour répandre sur la tranquillité publique quelques-unes de ces alarmes que je ne partage point, mais que tout bon citoyen souhaite d'écarter d'un jour (le 14 juillet!) destiné à la confiance et à la félicité commune.» L'assemblée ne voulut point délibérer. Le duc d'Orléans revint à Paris, et dit à son tour à l'assemblée : «Le jour approche où toutes les voix ne feront entendre que des sentimens d'amour pour la patrie et pour le roi; pour la patrie, si chère à des citoyens qui ont recouvré leur liberté; *pour le roi, si digne par ses vertus de régner sur un peuple libre*, et d'attacher son nom à la plus grande comme à la plus glorieuse époque de la monarchie française. »

(1) La famille de Buonaparte sollicita vainement, en 1814, la faculté de résider en France, et surtout à Paris. Il y a des gens ui sont pour leurs semblables ce que le tison était à Méléagre, la mesure de la durée et la condition de la vie.

Quelque temps après c'est de *crimes* que cet homme a accusé Louis XVI , et de mort qu'il l'a jugé *digne.*

Les grands exemples ici ne manquent pas plus que les raisons impérieuses. Les états-généraux de France se tinrent presque tous dans les villes de provinces les plus fidèles (1). Si nous voulions des faits pris dans la nation tenue pour représentative par excellence, ils ne nous manqueraient pas. Les deux rois d'Angleterre qui se trouvèrent le plus dans le cas des nôtres,

(1) A Poitiers en 1521 , à Orléans en 1439 , à Tours en 1467 , à Cognac en 1526, à Orléans en 1560 , à Pontoise et à St.-Germain en 1561 , à Moulins en 1566 , à Blois en 1576, 1588 , etc. ; à Rouen en 1596 et 1617. Lorsqu'enfin Louis XIV fut un moment tenté de donner les mains à une simple assemblée de notables , c'était d'abord à Orléans , puis à Tours , qu'elle devait avoir son siége.

Il en fut en Espagne comme en France : les cortès se tinrent rarement dans la capitale. « *Le grand nombre* se tenaient dans les villes de la Vieille-Castille , et même dans celles de la Nouvelle , qui la plupart n'avaient pourtant pas même le droit d'élections. « A Guadalaxara , Alcala , Madrid , Tolède , Ocagna , Cindad-Réal , Cordoue et Séville. » (V. la *Théorie des Cortès* de Marina , page 269.) Et qu'on ne pense pas qu'il soit de règle de ne tenir jamais de chambres que dans la capitale. Les auteurs de la fameuse constitution espagnole de 1812 , qu'on n'accusera point de relâchement *constitutionnel,* déclarent nettement (art. 105.) « Les cortès pourront *transporter* (l'expression est un peu mercenaire) leurs séances dans un autre lieu que la capitale , pourvu que ce ne soit pas à plus de douze lieues d'icelle , et *que ce transfèrement soit consenti par les deux tiers.* » —Si la constitution , au lieu d'être démocratique , avait été , comme la nôtre , royale , elle eût dit : Pourvu qu'il soit voulu par le Roi. M. Lanjuinais , qui connaît , comme chacun sait , le gouvernement représentatif à fond , reconnaît la légalité de la chose , en conseillant aux peuples , qui voulaient adopter la constitution d'Espagne , de modifier l'article ci-dessus dans le suivant : « Les sessions du parlement se tiennent *ordinairement* dans la capitale. » (Voy. ses *Vues politiques sur les changemens à faire à la constitution d'Espagne, afin de la consolider, spécialement dans les Deux-Siciles.* 1820).

Charles Ier et Charles II, fatigués de leurs parlemens
de Londres, les convoquèrent plus d'une fois à Oxford.
Il fallut bien, je le sais, les laisser revenir dans le foyer
des révolutions. Mais les concessions que la faiblesse
royale fait à la tyrannie naissante ne sont point appa-
remment des raisons de faiblesses nouvelles. Elles sont
au contraire des motifs, parce qu'elles sont des leçons
de volontés. Charles Ier, comme Louis XVI, sut mourir; il sut même, mieux que lui, se défendre (1); mais
il ignora l'art de vivre et surtout l'art de régner. Ne
croyant pas pouvoir s'affranchir de ses indignes com-
munes, il s'affranchissait du moins de sa capitale
agitée. « Pour ne pas s'exposer aux mêmes violences
qui l'avaient opprimé si long-temps, dit M. Hume, et
pour ne se pas voir arracher son consentement à une
déshonorante et pernicieuse *ordonnance*, il avait pris la
résolution de s'éloigner encore plus de Londres. Une
marche lente l'avait conduit avec ses enfans à Yorck (2),
dont il voulait faire pour quelque temps le lieu de sa
résidence. Ces provinces, éloignées du furieux tourbil-
lon de *nouveaux principes* qui bouleversait la capitale,
conservaient encore un respect sincère pour l'Église et
la monarchie; et la famille royale trouva ici des marques d'attachement au-delà de son attente. »

Nous savons que Louis XVI, grâce à plusieurs de
nos députés modernes, n'eut pas même la consolation
que paraît avoir eue son précurseur. L'Assemblée con-

____

(1) Les allocutions de Charles Ier à ses juges ne sont pas seulement des chefs-d'œuvre de dignité et d'héroïsme, elles sont encore
des chefs-d'œuvre de logique et de présence d'esprit.

(2) Le prince de Galles et le duc d'York.

stituante qui lui avait permis de résider à vingt lieues de la capitale (1), ne voulut même pas lui donner quelque temps après la permission de fuir le bourreau !

Ne soyons point surpris, après tout, de ces haines de la royauté, de ce débordement de démocratie, dans un pays où l'impiété est encore au fonds la religion dominante. Aujourd'hui même, dans la *capitale* du royaume et du *roi très-chrétien*, dans le séjour du *fils aîné de l'Église*, on rencontre partout des statues scandaleuses, et nulle part le *signe* de la Rédemption du monde ; il est relegué dans les églises solitaires, et encore affublé d'un signe d'une autre nature (2). L'aspect de Paris est plus affligeant que celui des capitales protestantes. Il y a des pays où la religion *réformée* est *déclarée* religion de l'État ; il y en a d'autres, où, sans être déclarée telle, elle l'est de fait. Pourrait-il y avoir loin du fait à la déclaration ?.. Jamais, peut-être, les crimes de la terre ne se sont élevés plus haut qu'en nos jours, et au sein de notre ville chérie. Jamais, peut-être, ils n'ont résisté à plus de longanimité de la part du ciel. Nous avons enfin fatigué la patience du Dieu vivant. Des prodiges *menaçans* (3), des croix étendues, signes de malheur en même temps que de salut, ont été données par lui en spectacle à la France. Elles ont apparu à la

(1) Décret du 28 mars 1789.

(2) La *Charte* semble couronner *Sainte Geneviève* ; Voltaire, Jean-Jacques Rousseau, etc., qui la demandèrent, semblent lui servir de piédestal.

(3) *La Croix de Migné* qu'un ecclésiastique vient de *venger de l'incrédulité et de l'apathie du siècle*, dans un ouvrage qui restera comme un monument de la foi et du courage de son auteur et comme une preuve aussi de l'indifférence de ses contemporains.

voix d'un de ces pauvres missionnaires que nos ministres ne savent pas défendre et que Paris a rejetés,
dans un village ignoré du monde, mais aimé de Dieu,
comme autrefois le Fils de l'homme voulut naître et
même voulut mourir dans un pays étranger aux gran-
deurs de la terre. En aucun temps de l'histoire, peut-
être, il n'y eut plus de ces signes auxquels Dieu a atta-
ché la foi au dogme de son action toute puissante, au
dogme de sa justice, même dans le monde. Les trem-
blemens *de la terre*, qui sont la preuve, et qui donnent
la pensée naturelle de sa fin, sont devenus aussi nombreux qu'effroyables par leur résultat. Des révélations
spéciales, non moins menaçantes pour la capitale de
la France, se sont mêlées aux prodiges de la croix de
Migné. On a vu Paris sous une large coupole de feu....
Cependant la nouvelle Gomorrhe dévore les *Mémoires
de la Contemporaine;* elle demande *du pain et des
spectacles;* et, fatiguée de la vieille chambre des députés, en veut une nouvelle ! . . . .

. . . .

Un grand exemple a été donné au monde.

Voici comment il est raconté par un historien célèbre :

« Le 3 septembre 1666, *Londres fut frappé d'un
épouvantable fléau du ciel,* qui jeta le peuple dans une
extrême consternation. Un incendie qui prit naissance
dans la *maison d'un boulanger,* près du pont, se ré-
pandit si rapidement, qu'il ne put être arrêté par tous
les efforts humains, qu'après avoir consumé une partie
considérable de la ville. Les habitans, poursuivis de
rues en rues par les flammes qui croissaient avec une
violence inexprimable, furent réduits à demeurer spec-

tateurs de leur ruine. Les progrès du feu ne cessèrent point pendant trois jours et trois nuits ; et ce ne fut qu'à force d'abattre ou de faire sauter des maisons , qu'on parvint le quatrième jour à l'éteindre. Le roi et le duc y avaient employé vainement toute leur puissance. Environ six cents rues et treize mille maisons furent réduites en cendres. Les causes de ce malheur étaient *évidentes*. La *disposition des rues* de Londres qui étaient fort *étroites*, celle des maisons la plupart de bois , la *sécheresse* de la saison et la violence d'un *vent* d'est , enfin le concours de toutes ces circonstances *suffisait pour expliquer la destruction* qu'elles produisirent. Mais le peuple ne fut pas satisfait de cette explication. Une rage aveugle fit attribuer l'infortune publique , par les uns aux républicains , par d'autres aux catholiques , quoiqu'il ne fût pas aisé de concevoir quel avantage l'incendie de Londres pouvait apporter à l'un ou l'autre des deux partis (1). Les catholiques étant le *principal objet de la détestation publique* , le bruit qui jeta sur eux ce crime , fut le plus favorablement reçu. Cependant les plus exactes recherches du parlement ne trouvèrent aucune apparence de preuve ni de vraisemblance (2). »

(1) Leibnitz pourtant ne trouvait pas que cela fût difficile à *concevoir* ; seulement j'ignore s'il voulait parler des républicains ou des catholiques lorsqu'il disait ces paroles célèbres : « Ceux qui se croient déchargés de l'importune crainte d'une providence surveillante et d'un avenir menaçant, lâchent la bride à leurs passions brutales , et tournent leur esprit à séduire et à corrompre les autres ; et s'ils sont ambitieux et d'un caractère un peu dur , ils seront capables, pour leur plaisir ou pour leur avancement, de mettre le feu aux quatre coins de la terre ; et *j'en ai connu de cette trempe* que la mort a enlevés. »

(2) Hume , *Histoire de la maison des Stuarts.*

Les républicains, je le crois, n'étaient pas plus coupables que les catholiques de l'incendie de Londres. La *disposition des rues*, et la *maison du boulanger*, étaient même innocentes. Tout cela ne *suffit* pas *pour expliquer la destruction*. M. Hume commence, sans y penser, son récit par le mot de l'énigme que nous allons expliquer et redire. Londres, qui avait souffert qu'on répandît le sang du juste au milieu d'elle, Londres qui devait un jour doubler, ou si l'on veut confirmer son parricide, au lieu de l'expier, avait besoin, comme nous peut-être, d'un *avis* et d'un châtiment à la fois : « Le 3 septembre 1666, Londres fut frappée D'UN ÉPOUVANTABLE FLÉAU DU CIEL ! »

OUVRAGES QUI SE TROUVENT

A LA LIBRAIRIE DE BLAISE, RUE FÉROU, N° 24,

Et à celle de Levavasseur, successeur de Ponthieu, au Palais Royal.

Sagesse (la) *profonde* et l'infaillibilité des prédictions de la révolution qui nous menace, démontrées par l'accomplissement littéral des nombreuses prédictions de la révolution qui nous est arrivée, ou le *Memento des Rois;* suivie d'une *Identité manifeste* de 1648 et de 1688 en *Angleterre;* de 1788, de 1814 et de 1818 en *France;* avec 1828 en *France.* Deuxième édition, 1 vol. in-8°. Prix : 3 fr.

C'est un livre décisif, et dont aucune feuille libérale n'a voulu faire mention.

Charte provinciale (de la), par M. le comte de Toqueville, pair de France, in-8°. Prix : 2 fr.

Esquisse politique, 1 vol. in-8°. Prix : 2 fr. 50. c.

ON PEUT SE PROCURER A LA MÊME ADRESSE.

Défense de l'ordre social attaqué dans ses fondemens, par M. Madrolle. Seconde édition. Un fort volume in-8°. Prix : 6 fr.

Les *Dangers* d'une *prolongation de la liberté de la presse,* démontrés par les sophismes de ses défenseurs, ou la *Réfutation du dernier discours de M. de Châteaubriand;* par le même. 1 volume in-8°. Prix : 2 fr. 50 c.